저녁 무렵의 랩소디

시산맥 감성기획시선 056

저녁 무렵의 랩소디
시산맥 감성기획시선 056

―――――――――――――

초판 1쇄 발행 | 2020년 10월 29일

지 은 이 | 김봉용
펴 낸 이 | 문정영
펴 낸 곳 | 시산맥사
편집주간 | 이성렬
편집위원 | 강경희 안차애 오현정 정재분
등록번호 | 제300-2013-12호
등록일자 | 2009년 4월 15일
주   소 | 03131 서울특별시 종로구 율곡로 6길 36,
       월드오피스텔 1102호
전   화 | 02-764-8722, 010-8894-8722
전자우편 | poemmtss@hanmail.net
시산맥카페 | http://cafe.daum.net/poemmtss

ISBN 979-11-6243-140-5 03810

값 10,000원

* 이 책은 전부 또는 일부 내용을 재사용하려면 반드시 저작권자와 시산맥사의 동의를 받아야 합니다.
* 이 도서의 국립중앙도서관 출판예정도서목록(CIP)은 서지정보유통지원시스템 홈페이지(http://seoji.nl.go.kr)와 국가자료종합목록 구축시스템(http://kolis-net.nl.go.kr)에서 이용하실 수 있습니다. (CIP제어번호 : CIP2020044024)
* 이 시집은 교보문고와 연계하여 전자책으로도 발간됩니다.

저녁 무렵의 랩소디

김봉용 시집

* 저자의 의도에 따라 작품의 보조 동사와 합성 명사는 띄어쓰기가 달라질 수 있습니다.

* 본문 페이지에서 한 연이 첫 번째 행에서 시작될 때에는 〈 표기를 합니다.

■ **시인의 말**

쉰이 넘어 내 인생도 시가 되고 싶었습니다.

하늘 아래 어머니 젖가슴처럼 볼록한

헐티재를 꼬불꼬불 넘나들었지요.

시 속을 들여다보고는

나 자신이 부끄러워 내려옵니다.

내 속에는 군더더기들이 그득할 뿐입니다.

나는 그것을 숨기기 위해 허세를 떨었지요.

무더운 여름 지나가고 가을바람 솔솔 불어와

가난한 내 집을 지어봅니다.

2020년 가을 중심, 김봉용

■ 차 례

1부
쉼표 위에 걸터앉으면

저녁 무렵의 랩소디 - 19

무림제지 앞에서 - 20

타임캡슐 - 22

쉼표 위에 걸터앉으면 - 24

뫼비우스 띠 - 26

홍시 - 27

어느 마늘밭 일기 - 28

구조조정 - 30

초승달이 나를 밝힌다 - 32

미꾸라지 - 33

목련 - 34

사과꽃 활짝 피었습니다 - 35

청송 - 36

자화상 1 - 37

자화상 2 - 38

2부

연꽃은 빗물에 젖지 않는다

연말정산 – 41

가시연꽃 – 42

양파인생 – 43

봉명산방鳳鳴山房 – 44

박새 – 46

김칫독 – 47

가난한 노래 – 48

연꽃은 빗물에 젖지 않는다 – 49

팔월 – 50

포장마차 – 51

세상에서 가장 슬픈 마중 – 52

장미 – 53

시월 – 54

사과를 따다가 – 55

환생 – 56

3부

갈치 한 마리

갈치 한 마리 − 59

골목에서 − 60

화, 테크 − 61

터널 − 62

친구 − 63

참꽃 − 64

청동물고기 − 65

만사불여^{萬事不如} 튼튼 − 66

정년퇴직 1 − 67

입양 − 68

상사화 − 69

배롱나무 일기 − 70

바지랑대 − 71

민들레 − 72

여유 − 73

정년퇴직 2 − 74

4부

어떤 위기

코로나 1 – 77

코로나 2 – 78

어떤 위기 – 79

메밀꽃 – 80

떡잎 – 81

능소화 – 82

길 – 83

정년퇴직 3 – 84

와촌식당 – 85

자화상 3 – 86

로또 – 87

호박꽃 – 88

손님 – 89

폐지 줍는 할머니 – 90

아버지 – 91

소쇄원에서 – 92

■ **해설** | 이태수(시인) – 95

1부

쉼표 위에 걸터앉으면

저녁 무렵의 랩소디

다리 위로 마을버스 지나간다
둑 넘어 텃밭
열무, 상추 실하다
수양버들 머리 풀어 헤치고 헤드뱅뱅 한다
파마한 상추도
총각 열무도 다리 걷어붙이고
한바탕 어깨춤을 춘다
구경하던 강물도
흰머리 날리며
서로 비비고

금호강 무수한 낱말들
노을 되어 잠수한다
먹물 같은 어둠은 이것들 데리고
참선에 들어간다

무림제지 앞에서

가까이서 보면
오래된 빌라 같기도 하고
멀리서 보니
연기 피어오르는 오봉산 토굴 같은데
저녁 어스름이 어머니 치마폭처럼 덮이면
개미들이 소주잔만 한 먹이를 문 채
오체투지 굴속으로 들어간다
도저히 저 속 진면목을 알 수가 없다

저장 탱크에서
펄프와 회분*이 만나 균형을 이루며
금망** 위로 펼쳐지는 오색 제지는
세계의 문화로 꽃이 되었는데

내가 저 굴속에 살고 있을 때
보지 못한 것을
떠나오니까 이렇게 환히 들여다보이네

거기서 너는 남고

나는 떠나 그대를 쓰네
황혼의 저녁 길을 걸으면서
조심조심 그대를 쓰네

*돌가루로 제지공정의 부원료 중 하나
**제지공정에서 제지가 형성되는 첫 과정으로 수분을 제거하는 망

타임캡슐

중간고사 전 공납금 못 내어
교무실로 담임선생님께 호출되었던
중학생 시절
방과 후 논두렁에서
소 먹이고 소 풀 뜯는 건
내 몫이었지

시골집 텃밭
사과나무 아래
직장 십 년차 소망
사물함에 밀봉하여
깊숙이 묻던 날
복실이 짖는 소리
꽃은 하나둘 지고

나이테에 새겨진 사내^{杜內} 제안왕
무늬로 만져지며
해외포상 휴가 다녀오는 날
짙은 사과 향기 속으로

잠시 들른 과수원
옛이야기 한 가마니
그때의 그 달이 들려주는데
돌아보니 신작로 같은 세월
그 시절 사과 꽃잎처럼 하얗게 찾아들어
고향 텃밭이 된 거기
나는 지금도 중학생이다

쉼표 위에 걸터앉으면

늦가을 팔공산 동봉엔
음표보다 쉼표가 더 많다
군데군데 솟아 있는
바위가 쉼표 되고
흐트러진 단풍 사이로 박새들
쌍쌍이 놀러 와 음표 되어 준다
쉼표 위에 올라앉으면
향긋한 바람 불어와
생황 소리 들린다

떡갈나무 아래로
노을 부스러지면
다 떠난 오선지
위에 홀로 남아
음정 박자 다 내려놓고
못 갖춘 명상곡
한 소절 연주해 본다

흐르는 세월을

얼마나 더 사랑할 수 있을까
바뀌는 계절엔
얼마나 더 아름다워질 수 있을까
쉼표 위로 낙엽이 별처럼 쌓인다
봄이 올 때까지는
쉼표가 필요하다

뫼비우스 띠

숟가락으로
제 살을 파먹는다
피가 튀고 뼈가 깎이는,
어제까지 동료였다가
오늘은 파이프로 내리쳐야
내가 먹고사는 세상
내가 나를
어찌해야 할지 모르는,

밖에서는 산 자들을 데려와
공장을 되찾아야 한다며
무기를 든다
김 부장은 새장 밖으로 떨어지고
최 반장도 떨어져 나간다
모두 죽은 자들이다
갑은 자취도 없고
세상은 아무 일 없는 듯
톱니바퀴 돌아가듯
맞물림 없이 돌아간다

홍시

토닥토닥 볕이 터지는 오후

내연산 숲길에서

독경

소리 들었다

보경사 앞마당

아내 닮은 볼 붉은 그녀

언제부터 기다리고 서 있었나

당신이 보내준 노란 봉투에

달콤한 엽서 한 통

서쪽 불이문^{不二門}에 앉아 읽는다

어느 마늘밭 일기

나는 조폐공사와 한국은행 사이에서
사임당의 태몽을 꾸고 경산에서 태어났지
생일은 2009년 6월 23일이야
태어나자마자 검은 옷을 입은 자들이
납치하듯 나를 사과 상자에 집어넣고
어느 마늘밭 한구석에 묻혀서
긴 겨울 깜깜한 땅속에서 보내기도 했었지
누워 있으면 하루 몇 번씩 문 열어 보고는
입꼬리 귀에 걸고 눈웃음 지어 주었지
밤에는 승용차로 드라이브도 시켜주면서
민망스러울 정도로 어찌나 좋아하는지
순신, 율곡, 세종 형은 늘 울상이었지
나는 옷도 형들과는 달라
아주 고급 면으로 되어 있거든
수명은 잘 모르겠지만 훼손되면
본가인 한국은행으로 돌아 가야 해
아마 거기 가면 한 줌 재가 되어
시골 어느 사과밭으로 뿌려지겠지
그렇지만 나에게도 소원은 있어

남몰래 진심으로 사랑 해 주는 분이 있지
저기 끙끙거리면서
리어카로 폐지 줍는 할아버지야
소원은 폐지 판 돈 꼬깃꼬깃 접어서
손주 손에 꼭 쥐여 주는 일인데
죽도록 일만 해봐도 지갑 내부가 훤하지
거리에서 몇 일치 추위와 맞바꾼 나를
가로등 아래서 지켜보며 눈물만 흘리고

구조조정

세상이 조각조각 깨어지던 날
생경한 곳으로 굴러떨어졌다
앞을 볼 수 없는 사이
길거리에 구르는 돌 하나
내 편 들지 않는다
바람은 양날의 칼을 세우고
황소 울음소리로 다가와
내 정수리 위에서 소용돌이친다

밤마다 예전의 자리로
돌아오는 꿈을 꾸는데
일어나 보면 그 자리엔 내가 없다
오체투지로 나를 바로 세우려 해 보지만
오장육부가 흔들거린다
세상은 나 없이도 잘 굴러간다

상처가 눈물 되어 흘러내리는 밤
소주처럼 맑은 눈물을 흘리면서
먼 하늘 쳐다보는데

산 넘어 계곡 사이
소나무 가지에 꼭 낀 술 취한 달 바라보면서
오늘도 덜 익은 상처 안고
한 번도 가보지 않은 길 걷는다

초승달이 나를 밝힌다

청바바리 옥수수가
길가에서 손을 흔든다
충주집 초가지붕 위로
조롱박들이 두런두런 손님 기다리고
원두막 옆으로 조랑말 같은 초승달이
달구지에 추억 가득 실어 나른다
물레방아 기억 위로
세월 강 흐르고
실개천이 눈물 흘러내리면
흥정천이 다 받아 마신다
메밀이 까맣게 영글어가는
밭둑 위로 미리내 촘촘히 밀려든다
하룻밤 정분에 긴 세월
아내가 초승달로 웃고 있다

미꾸라지

칠흑의 밤
여의도에 장대비는 내리고
훤한 신수
하늘 높은 줄 모르고
황급히 자리 뛰쳐나와
밧줄에 매달려
남몰래 승천해 보려다
물폭탄 얻어맞고
국회의사당 앞마당 한복판에 떨어졌다
분을 누르지 못하고
식식거리다 혼절했다
새벽녘
청소부가 쓰레기통에
담아서 간다

목련

황사 자욱한 창문 너머
일비* 지나가는 동안
바람은 나뭇가지에 빗방울 찍어
유리창에 그림을 그려 넣고

한 무리 나비 떼 외출하여
목련나무 가지에
화사한 글씨로 연서 써 놓고
유리창 안을 살피다가
꽃샘바람에
일제히 날아가 버린다

아파트 화단 담장 아래
읽지 못한
얼룩진 연서 흥건하다

*비 맞으며 일할 수 있을 정도로 오는 봄비

사과꽃 활짝 피었습니다

지워지지 않는 것 있습니다
봇물 흐르는 논두렁 아래에서
부모님의 부부싸움 엿듣고
가슴 한쪽 달라붙어

가끔 귀에 쟁쟁한 그 말
—아이고 마
나도 내 좋아하는 사람 있었다, 마

객지 생활 힘들 때마다
그 말 다잡으며
이제 졸수卒壽가 넘은 그 말
이승의 비밀로 지키고 싶었지만
논두렁 지날 때마다 떠오르는 저 낮달처럼
옥신각신 싸움하듯
사과꽃 활짝 피었습니다

청송

초등 때 도시락 싸 가지 못해서
먼 거리 점심 먹으려
뛰어다녔던 신작로
고추장 비벼 혼자 먹던 꽁보리밥
찬물 한 대접에 가난도 함께 타서 마셨지

다시 학교로 뛰어갈 땐
발바닥에 땀이 차 미끄러졌고
생의 문수 줄여 보아도 마음은 헐거웠지
닳고 닳은 밑창에
달라붙은 꽁보리밥처럼
말표 검정고무신 신고

참나리 환하게 핀 고향 언덕배기
뛰어다니던 그곳

자화상 1

CCP* 불량을 내버렸다
한 장씩 골라내는데
하얀 지면 위에
형체 없는 사내의 불호령이
점점 붉게 떨어진다

내 정신의 사물함을 뒤집어
몇 가닥 미세한 먼지를 집어낸다
눈이 흐리해져 보지 못한 것이다
붉어지는 두 뺨을 가린다

나는 어디에 있나
부침浮沈하는 날 단단히 억누르고
하회탈로 재빨리 얼굴을 가린다
한 사내의 허세가
모순의 상자에서
알맞게 봉인되었다

*cast coating paper, 제지 표면에 얼굴이 비칠 정도로 광이 나는 특수지

자화상 2

아파트 앞
버스 정류장 옆에
등산복 차림으로
중년남자가 과일을 판다
좌판대 위에 다 팔아도
몇 푼어치 될 것 같지 않은
사과 몇 무더기와
비닐로 싼 감 몇 줄
고작 딸기 몇 바구니에
오가는 사람들 동정을 살핀다
손님들은 멀리서 쳐다만 볼 뿐
매정한 바람은
축 처진 어깻죽지 속으로 들어와
세상 쉽게 돈 벌 수 있느냐며
구부러진 뒷골목으로
휑하니 날아가 버린다
바닥은 시린 냉기 그득한데
세상 슬프지 않은 밥벌이 어디 있으랴
주름진 길바닥 신문조각 깔고
막걸리 한잔에 눈물 반
설움 반 타서 마신다

2부

연꽃은 빗물에 젖지 않는다

연말정산

흰 눈 내려앉은 설날 아침
지난해는 어떻게 살았을까
정산해 본다
제대로 여행 한 번 못 다녀오고
나이만 한 살 더 챙겼다
새로 시작하려면
어디에서 이득을 내어야 할까
밥벌이는 그만둘 수 없지만
통장 헐고 월차 모아서
더 나은 곳 찾아
딴짓 한번 저질러 보자
길을 잃으면 헤매면 될 것 아닌가
올해는 여행책을 읽으면서
나의 사용 설명서로
책*이라도 한 권 건졌으니
얼마나 팔릴지 궁금하지는 않다
지난해 온갖 모습들 백설로 덮어 버리고
이제 환급 나러 갈 일만 있다

*자기계발서 『안전운행』(두엄출판사)

가시연꽃

오늘 하루만이라도
짙은 물음표로 살고 싶어
이른 아침 우포늪에 가본다

늪 한복판
물안개 깔린 잎방석 위
가시연이 홀로 아침을 먹는다
고전으로 한복 차려입은 그녀는
이슬 먹고 꽃을 피운다
한번 묻고 싶다
무엇이 세상 속으로
돌아갈 수 없게 하는지

사랑은 선線을 이어서
길 찾아가는 것
마음이 와글와글 복잡할 때
한자리에서 기다려주면
문 열어 줄까

양파인생

세상이 어지러우니
내 인생도 물러빠진다
'코로나19' 발생으로 일손이 모자라
밭에서 20kg 한 포대기 이천 원
바닥 속의 질퍽한 삶
한 껍질씩 벗겨낼 때마다
눈물이 새어 나온다

누더기옷으로
초라한 내 모습
애써 감춰보려 해보지만
자꾸만 튀어나오는 자존심
고통을 인내하며 다 벗겨내고
자존심마저 벗어내니
보잘것없는 내 인생
더 벗길 것도
애써 가릴 것도 없어 좋다

봉명산방鳳鳴山房*

화개장터에서 불일폭포 가는 길
벚꽃이 화사하게 안내해준다
오솔길 따라다니던 구름도
길 비켜 준다
코앞이 목적지인데
그만 갈까 말까 반복하다가
땀을 통행료로 지불하고
뒤틀린 계곡이 발목을 놓아 준다
산중턱 흰 연기 뿜어내는
아늑한 초가산장
작은 개나리가 쫑긋거리며
생수 한 모금 마시고 가라 한다
청순한 진달래가 뒤편 소망탑
소원 한번 빌어 보라 한다
거절할 수 없어
조용히 생수 한 모금 들이켜고
소망탑 둘러보는데
이름 모를 산새들
청아한 목소리

봄 냄새 꽃 냄새 섞여
그만 넋을 놓아 버렸다

*쌍계사에서 불일폭포 가는 지리산 중턱 쉼터

박새

솔향기 그윽한 비슬산 자락
바람에 흔들거리는
단풍잎이 음표 되고
곳곳마다 튀어 오른
바위가 쉼표 되는 산마을
지붕이 뾰족한 붉은 벽돌집
박새 한 마리 찾아들었다
시를 타고 왔는지
음을 타고 왔는지
청아한 얼굴에 눈망울이 초롱초롱
고개를 갸우뚱거리는
저 높은 꼭대기에 둥지 틀고
무르익어가는 가을 어스름
잔디밭에 살포시 내려와
행간마다 시를 적고 있다

김칫독

1990년대 초
직장에서 받은 5년 개근상
삼익 바이오 김칫독
새 아파트로 이사 가면 쓸 요량으로
아껴 두었다가 뜯어보니
아이스박스가 되어 나온다

쓰레기통이 되어서
쓸데없는 것을
잔뜩 끌어안고 살았다
이삿짐 정리하면서
스무 해 묵은 먼지 털어낸다

써야 할 것을 쓰지도 못하는 너나 나나
다 쓰레기다

가난한 노래

내 인생도 시가 되고 싶었습니다.
하늘 아래
어머니 젖가슴처럼
볼록한 헐티재를
꼬불꼬불 넘나들었지요
시 속을 들여다보고는
나 자신이 부끄러워 돌아갑니다

나는 시를 써서는 안 되는
내 속에는 군더더기들이
그득할 뿐입니다
그것을 숨기기 위해서
나는 허세를 떨었지요
겨울 지나가고
봄바람 솔솔 묻어오면
내 속을 얼마나 비울 수 있을는지
또 얼마나 채울 수 있을는지

지금도 나는 허세를 떨고 있습니다

연꽃은 빗물에 젖지 않는다

어머니는 날마다 걸레로

집 안을 지킵니다

가족 모두 일터 보내고

오체투지로 지킵니다

할 일 마치면

더러워진 몸 헹구고

제자리로 돌아옵니다

한세월 동안

자식들 결을 닦으며 지내온

오체투지

젖지 않는 연꽃입니다

팔월

지나간 세월이 있습니다

어디선가 나를 부르는
먼 곳에서
기적소리 들려옵니다

정한수 떠 놓고
아들을 위해 비는
당신의 목소리가 울릴 때
등을 돌리고
그만 눈물을 흘렸습니다

호두나무 골짜기엔 참매미 울고
햇감자 삶는 냄새와
어머니의 땀 냄새가
물씬 섞여
나를 부르고 있습니다

포장마차

알소주잔 같은 인생
숨겨진 흰머리 밖으로 퍼져 나올 때
포장마차에서 마시는 잔술은 쓰기만 하다
힘들어도 울지 못하고
쉼 없이 흘러온 저 금호강물이 침묵하는 밤이면
흐려진 불빛도 소주를 마셨는가
뱃살 아제가 되어
혼자 중얼거리는 독작^{獨酌}
첫눈이 난데없이 욕처럼 내려
머뭇거리는 사이
찬 서리 내리듯 와 버린 중년
산다는 것은 상처 위에 새로운 상처를 더하여
소실점을 찾아가는 것
겨울바람이 흔들어 댄다
오늘 밤
저 강물이 얼기 전에 어서
따뜻한 문풍지라도 새로 발라야 한다

세상에서 가장 슬픈 마중

며칠이면
돌아오겠다던 뱃고동 소리
녹슬고 흉측하게
육지로 끌려 올라온다
그 해맑은 꽃봉오리들
노란 리본 달고 함께 돌아온다
하늘은 이미 없다
아침부터 내리던 빗방울 더욱 굵어지더니
천둥은 거기서 부서지고
터질 것 같은 목포 신항
식은 김밥으로 끼니 때우며
먼 바다조차 목이 멘다
갈수록 항구는 울음 없는 아우성
깃발은 파도처럼 찢어진다
가자
돌아가자

장미

그해 겨울
아버지와 다투고 난 후
집 밖으로만 떠돌다
동상 걸린, 손가락이 아직 아픕니다

당신 떠나신
그 먼
오늘이라는 날
사문진 나루 서쪽 하늘도
붉게 물드는데
실컷 울어 보지 못한
내가 그 나이 된 지금

이승에 벗고 가신
낡은 지게 위에
오늘은 장미가 활짝 피었습니다
넝쿨에 오지게 피었습니다

시월

수태골 숲길은 발길 옮길 때마다
향이 가슴 포근하게 감싼다
구절초 하늘거리는 산비알
평온한 바람 불어오면
애기 단풍잎 사이로 햇살 비집고 들어와
착한 숲길 천천히
비밀스러운 곳 열어 준다
숲길 곳곳 빈 의자
오색 단풍으로 치장하고
다람쥐 한가롭게 뛰어놀다가
누구든 쉬어가라 손짓한다
세월은 늘 달아났다가
다시 돌아오며
흥에 겨워 나풀거리는
노란 눈 맞으면서
팔공산은 익어간다

사과를 따다가

밭이 통째로 불타는 늦가을
하루씩 품삯 받고 사과를 따다가
얼굴이 똥그란
붉은 자태의 여인을 만나
사랑을 했다
키스해 보니
향이 가슴 안으로 파닥거리고
눈만 감으면 무지개처럼
그녀가 피어오른다

긴긴날 살아보니
얼굴 붉히는 일 많다
새콤달콤할 줄 알았던 결혼생활
속 터져 흐물거리는 일 부지기수
사과 알 속의 신혼은 잠시
사계절 다 지나갔다

환생

팔공산 동봉을 여름 산행하는데
수태골 초입 길옆 풀숲에서
뻣뻣하기로 소문난 소나무와 서어나무가
꼭 끌어안고 애정행각을 벌이고 있다
등산객들이
히죽거리면서 지나간다

가까이 가서
자세히 들여다보니
바닥이 비탈지고 파여서
서로 꼭 잡아주고 있었다
힘들 때 안아주며
보듬어 주는 걸 보니
둘은 분명 전생에 이루지 못한
연인이었을 것이다

3부

갈치 한 마리

갈치 한 마리

혜숙 씨 배웅을 받으며
일찍 출근길 나서는 수봉 사우

올해는 백화점에 취업이 되었다며
초승달 모양의 입꼬리 귀에 달고
대차로 왁자지껄 웃음소리 실어 나른다
박스에
웃음소리 퍼 담느라 여념이 없는, 그

퇴근 때 잠시 칠성시장 들러
막걸리 한 잔에 흥얼거리며
갈지자걸음이다
취한 척
그 뒤를 꼬리 흔들며
따라나서는 갈치 한 마리

골목에서

겨울 문이 조금씩 열리면서
길은 은사시나무 숲을 따라
낙엽들을 또르르 몰고 다닌다
한때 풋풋한 생으로
햇살 한 자락에
느낌표를 매달았을 저들
겨울로 이어지는 좁은 골목에서
한 생의 뒷모습이 작은 마을에 와 닿는다

초가지붕 위로 피어오르는 연기가
차갑게 하늘로 빨려 올라갈 때
가로질러 가는 바람 한 줄기에
잠바 속 감춰진 속살 파르르 떨린다
어느새 내 심장으로 퍼붓는 첫눈이
새 떼가 되어 날아오르는 낙엽 사이로
화살처럼 와 박힌다

화, 테크

지인 통해 개인연금 들었는데
허리띠 졸라가며
여덟 해 넘게 월부금 넣고 있는데

코로나19로 가치는 점점 떨어지고
집값은 때리고 때려도
여기저기서 다시 고개 쑥쑥 내민다

은퇴하면 쓸 요량으로 가입했는데
연기되어 솔솔 사라진다
이러지도 저러지도 못하는 신세
고민하다가 재테크 시작했는데
화테크로 바뀌어 버렸다

터널

시골 버스정류장
교복 입은 학생이 책보자기 들고
버스를 탄다
안개 자욱한 터널 속으로
빨려 들어간다

일몰의 고갯길
꿈 찾아 버리고 온 청송
무너미가 희미하다
오늘은 얼마나 푸른지
아버지의 십팔번
'비 내리는 고모령' 한 자락 생각난다
머리칼 성근 한 사내
삼자현재 넘는다

친구

새털구름 만개해
볼록한 헐티재
꼬부랑 내리막, 갈림길에서
건너편 자작나무 숲을 만난다
흰옷 걸친 자작아씨들
자박자박 걸어 나온다
이번 겨울엔 얼었다 녹았다
많이 아팠나 보다
피부가 갈라져
더덕더덕 아픔을 기워놓은 살갗
꼬인 데 하나 없던 뼈가 뭉쳤다
그 상처 밖으로
다 빠져나온 울음을 보면
옛 친구 생각이 난다
지금 어디에서 늙어가고 있는지

참꽃

팔순이 넘은 우리 어머니
나이가 무릎으로 내려와
붙박이처럼 꿈쩍 못하신다

푸른 밤
그녀를 설레게 하는
저 채전을 어쩌라고!
병원으로 실려 가는 젖은 눈
속 타는 냄새 진동한다

잠시 거울을 보는데
내 안에 가득 고인 그녀
나는 지금껏 파먹고 살았다

고향 뒷산에 참꽃 활짝 폈다
머잖아 아버지 만나면
그땐 즐겁겠다

청동물고기

구조조정의 회오리바람에 휩쓸려
생경한 곳으로 굴러떨어진다
정신을 차려보니
낯선 절 마당에
풍경소리 아득하다
바람에 흔들릴 때마다
나를 때리는 저 운판소리
아프다
하늘을 지붕 삼아 자유로이 수행하는
저 물고기처럼 살아간다면
절벽을 휘감는 소용돌이 속에서
나는 빠져나올 수 있을까

만사불여萬事不如 튼튼

토요일 저녁
차 열쇠를 책상 위에 올려두고
일찍 잠들었다
새벽에 전화를 받았는데
금방 제대한 아들
한 달 만에 면허증 따고
몰래 차 열쇠 들고 가
영업용 택시와 접촉사고 내버렸다
스무 해 무사고인 내가
파리처럼 빌었다

정년퇴직 1

밤마다 내 자리로 돌아가는
꿈을 꾸는데
일어나면 그 자리엔 내가 없다
아직 멀쩡한데 세상에서 밀려나
시간의 갈피 속에서 헉헉거린다
다시 나갈 날 만을 기다리는데
상황은 좀처럼 허락하지 않는다
아직은 아니라고 고함쳐 보지만
목소리는 메아리로 돌아온다
밤사이 돋아난 자존심
닦고 조이고 기름칠해서
시동 걸어 본다
한옥 주차장 중고 그랜저 한 대
갇힌 채 또 서러운 하루를 연다

입양

아침에 일어나니
누군가 창밖에서 흐느낀다
전봇대 아래
내다 버려진 해피트리 화분
보드라운 몸 얼어 각질이 벗겨졌다

따뜻한 창가 옮겨 심는다
얼었던 가지
실핏줄 따라 기운이 감돌고
순한 눈망울 돋아난다
여린 것 물수건으로 닦으니
제법 또렷하다
달빛을 깨우는
천사의 나팔소리
희다

상사화

젊은 시절 정신 못 차리고
헛바람도 못 피우는 중년 되어
베트남 처녀와 재혼한 고향 아제
환갑에 귀농하여 쉰 살을 접고 산다
어찌 잘 풀리는가 싶었는데
사랑만으론 살 수 없었던지
그녀마저 고국으로 돌아가 버린다

짓던 농사 접고
매일 강소주 한 병씩 비우는데
그녀 떠난 자리 대문 밖 소주 상자엔
빈 병이 거꾸로 쌓이고
입추 되던 날
어둠이 풀릴 즈음
소주 상자에 쪼그리고 앉은
연분홍 상사화 한 송이
새벽 는개 맞으며 떨고 있다

배롱나무 일기

봄날에 천마총 앞 지나다가
배롱나무를 만난다
겨우내 얼어 있던 몸 뒤척이며
태아처럼 잔뜩 오그리고 있던 나 아닌가
문득 소통의 부위가 열리는 듯하다
나를 내려놓고
남을 쓰다듬어 주는 자리
숨죽이며 꽃 피는 날 지켜본다
부지깽이로 **뼈**대 세우고는
봉오리로 이 봄 다 보낸다
저물어가는 여름 끝자락에 서서야
부푼 꿈 옹골지다
가지에 몽실몽실 내려앉은 불꽃처럼
구름 꽃밭 거닐고 있구나
내 마음 새 들어 사는 꽃들에게
환하게 미소 한 움큼씩 쥐여준다

바지랑대

고향집 앞마당
빨랫줄에 동여맨 바지랑대
여름방학 동안
고추잠자리 자고 가고
뭉게구름 쉬어가는
가지 없이 뻗어나가 하늘 찔러
장대비 내리곤 했지
팽팽한 줄 하나
세월도 비켜 간 자리
빨래처럼, 그리움만 널렸다
시린 가을 하늘 눈부셔
이제 내 안에
고이 묻어둔 너는,
세월 저편을 지키고 있겠지
바람이 걸렸다 마르고
구름이 걸렸다 마르고

민들레

내가 지쳐 있을 때
말없이 다가와
노란 안부 쥐여 준 것은
진실로 그냥 해본 건 아니겠지요

그리움의 나이를 먹는 지금
스무 살을 지나, 그때처럼
당신 보면 단발머리 그녀가 생각나요
초등학생 때 십리길 걸으면서
하얀 이빨 드러내 배시시 웃어 주던 당신
어느 하늘 아래 있는지
그리움은 멀리 있어

오늘처럼 허전한 날
노란 모자 쓴 당신
만날 수 있다면
따뜻한 국수가 먹고 싶어요

여유

한옥으로 이사했다
하루해가 담장 구석까지 다 비추고
물러날 때면
서녘 하늘이 초승달 낳는다

계절의 갈피에서
멀리 달아났지만
부르면 달려와 줄 것 같은 나날들
최 반장은 새장 밖으로 날아갔다
단지 나이가 많다는 이유로
총무과에서 호출 바람 불어올 때
살얼음판의 IMF 찬바람
언젠가 나도,

안으로 숨겨진 흰머리
밖으로 솟구친다

별은 총총 청춘인데
서기 나를 섞어보는
지금, 부자다

정년퇴직 2

소나기 바쁘게 지나가던 신작로
옛 정류장은 사라진 지 오래
앞만 보고 또 보았다

가정을 외면한 적
부지기수 아니었던가
그렇게 도랑물 건너고 넘어지며
머리칼 세는 줄도 모르고
함부로 사방천지 휘저었지
찬바람에 몸 맡기며
흔들리지 말자던 결기
이제야 마음 한 자락 추스르니
붉게 물드는 강물도 고와 보인다

밥값은 하고 살았는지
잠시 소주 한잔을 두드리고
아득한 언덕길 넘어
불 꺼진 집으로 돌아가는 길
언제던가 바늘 꽂을 자리 하나 없었던
그날의 나를 물끄러미 들여다보는
저 가로등, 오늘은 환하다

4부

어떤 위기

코로나 1
– '코로나19'와의 대화

독감이 코로나에 물었다
세계가 당신에게 겁을 먹고 있는데
그 비결이 무엇이냐고
코로나가 하는 말
보이지 않게 접근해서
초반에 벌침 쏘듯 쏘아버렸다고 했다

이제 나는 명함도 내밀 수 없게 되었는데
앞으로는 어떻게 할 거냐고
다시 물었다
코로나가 대답하기를
종일 마스크에 안개 자욱한 안경 쓰고
저 지팡이처럼 투표하러
걸어가는 할아버지를 보면
이제 봄길 따라 떠나고 싶은데
술집에서 밀착 접촉하여
확진자 감염경로 거짓으로 고하고
자가 격리 중 탈출하여
꽃구경 못 참는 걸 보면
내가 아직 더 있기를 원하는 모양이야 아마

코로나 2
– 알바

엘리베이터 거울 앞에서
문득 나를 만난다
'코로나19'의 긴 터널 안에서
세탁기에 방금 꺼낸 옷처럼 축 처진 채

한 달 뒤 문 다시 연다던
머리 덥수룩한 우리 사장님
연락이 없다
마스크 쓰고
빈속으로 쓰러지는 밤
누워서 천정을 바라보는데
먹먹하다

소주처럼 맑은 눈물을 흘리면서
밤마다 예전으로 돌아오는 꿈을 꾸다가
일어나 보면 그 자리에는 없다
내가

어떤 위기

지전과 달러 간의 야구경기가 벌어진다
율곡 두건 눌러쓰고 나와 볼을 던진다
휘청하는 사이 빛나리 벤저 프랭클린이
실 웃으며 장타를 날린다
세종이 마음 고쳐먹고 변화구를 던지는데
아차 하는 순간 메디슨 코를 때린다
경기장 안에 위기의 전주곡이 흐르고
보랏빛 하늘에 먹구름 깔려온다
달러들 가속도가 일어나고 충돌이 벌어져
세종 맥을 잃고 바닥에 푹석 주저앉는다
날은 저물고 경기는 계속되는데
판을 키울만한 구원투수가 없다
빨간 가로등 아래 묵언 수행하던 사임당
올림머리에 난초무늬 한복 입고
먼지투성이 싸움판에 등판한다

메밀꽃

청송군 부남면 화정리 1032번지
거동마저 불편한 노부부
밤에도 일 나가신다

지게에 기대어
잎담배 한 개비 말아 피우시는 아버지,
육자배기 한 자락 흘러나오고
어머니 숨죽인 채 땅강아지처럼
밭고랑만 기어다닌다
들판의 호박돌처럼
수십 년 비탈밭에 허리 숙여 보았지만
비탈은 놓아 주지 않았는지

밤이슬을 짊어지고 돌아오는
고샅길
은하수 함께 보름달이
하얀 쌀밥 뿌려 놓고
처연히 가죽나무에 걸터앉는 거기

떡잎

늦은 봄
텃밭에 열무를 심었다
보름 지나니 제법 바람에 하늘거린다
귀여워서 뽑아 먹을 수가 없다
속잎 돋으니 자연스레 떡잎 되어
살포시 감싸 준다
속잎에 있어 떡잎은 어머니다
자양분을 다 토해주고
누렇게 세월을 담는다

어느 초여름 날
어머니 헉헉거리신다
평생을 밭에서 허리 한번 못 펴시고
밭둑에 엎어져 잠이 드신 어머니
당신의 청춘을 다 갉아먹었다
가슴팍에다
큰 돌덩이 올려놓고
긴 세월 동안 치워드리지 못했다

능소화

얼굴을 가리고
골목을 붉게 물들이며 내려서는 소화
입술마저 터진 채
담장 밑으로 떨어진 울음소리, 깊다
한때는
우아한 차림으로
주막 너머 오가는 뭇 남성들
유혹하던 너 아니던가
그녀
흙으로 툭 떨어진다
오늘은 한마디도 안 하고
사문진나루를 먹여 살린 그녀
갔다
등이 우련하게 붉은 거기
고요가 가만히 디디고

길

시장에서 자색 양파 한 망 사서
들고 오는데 하나가 툭 떨어진다
구심점이 없어서 어색하게 굴러간다
계속 굴러서 대로로 나간다
하루가 빠르게 굴러가는 시간 속에서
생은 내가 원하지 않은 길로 갈 때가 있다
얼른 잡아서 자세히 들여다보니
상처투성이 멍들었다
눈과 귀가 다 막혔다
흙을 털어내고
길을 바꾸어서 계속 굴려본다
제 갈 길 찾아
온몸으로 굴러가는 너는
뒷모습이 처연하다

정년퇴직 3

청춘의 긴 정거장 건너는 동안
큰 것만 보고 가정을 등한시한 적
부지기수 아니었던가
그렇게 나이를 써먹었다
설익은 채 사통팔달 휘저었다
바람에 몸 맡기며 흔들리지 않는 결기는
나를 다스리는 일
사람값하고 살았는지
아득하다
바늘 꽂을 자리 하나 없었던
나를 들여다보는 일
지금이다

와촌식당

구조조정의 회오리바람에 휩쓸려
최 부장은 어제 날아가고
이 반장도 오늘 새장 밖으로 떨어졌다
단지 나이가 많다는 이유로
긴 하루 살얼음판을 걷는다
또 내일은 어떻게 될는지 까무룩하다

와촌 아줌마 두부 쪼개고
파 썰어 넣고 고춧가루 풀어
된장찌개 끓어 넘치면
이슬 한 잔씩 두드리면서
오늘 전쟁터에서 지친 피로 가라앉는다

하루해가 물러날 때쯤
무림제지 정문 건너편
와촌식육식당 구석자리

자화상 3

엘리베이터 거울 앞에서
나를 본다
우주에 단 하나뿐인
앞모습을 보는 찰라 뒷모습도 보였다
산이 하나 솟은 듯 내가 뒤짱구였다니!
미처 코털도 정리하지 못한 체
껄껄 웃었다
이마에 주름이 석 삼자로 흐르며
입모양이 크게 씰룩거렸다

어머니가 엎어 키워낸 걸작품
어린 손주가 보면 얼마나 놀릴까
분명 아이는 뒤통수가 납작하다
내 것인 것 같은데
다른 데 가 있는 아이를 보면
나는 어머니 쪽일 것이다

로또

그녀는
로또다
맞는 게
하나도 없다

대박을 꿈꾸며
살아왔지만
취미도 다르고
습관도 다르고
입맛도 다르다 이제는 따로 논다

내가 앞을 보면
뒤를 보는
늘 어긋나는 관계이지만
생을 걸어가는 방향은 같다

호박꽃

초가지붕 위

그믐달 떠오르면

이슬은 담장 밑

작약 꽃잎에

몽글몽글 쉬었다 가고

호박꽃은 담장 위에

초롱불 켜 놓고

그대 기다리네

손님

봄비 속으로
어치 한 쌍이
앞마당으로 내려앉습니다
파초 아래
복실이처럼
마당을 빙빙 돌아다닙니다
텃밭 웃자란
달래 향기 대접하니
그는 어느새 뚝딱하고
신나게 산모퉁이 돌아
호두나무 골짜기로 들어갑니다
배꽃이 배웅을 해 주니
앞서 지나간 호두나무 골짜기엔
봄나물이 가득합니다

폐지 줍는 할머니

감삼역 네거리
거북이 한 마리 무단횡단한다
길게 늘어진 차들 급정지하고
클랙슨 누르며 욕 막 해보지만
그 욕이 어디 내 살갗을 뚫을 수 있겠느냐며
돌아보지 않고 세월을 건너간다

산다는 건, 저 욕 같은 것
클랙슨 소리에 온몸이 녹아
내리는 줄도 모르고
욕에 짓눌려
오체투지로 지켜가는
그 등이 쭈글쭈글하다

아버지

기와집 양지쪽
철모르는 장미 한 송이
울타리에 팔 뻗친다
볕이 내리쬐는 동안
곁에 아버지 지게가
나란히 쉬고 있다

하늘도 얼어붙은 그해 겨울
밖을 떠돌던 나
아버지 아픈 손가락이었다
동가숙 서가식 떠돌다
결국, 돌아온 날
야윈 아버지 말없이 "밥 묵자" 했다
아버지 나이를 훌쩍 지나
실컷 울어보지 못한 채
이제야 산소에서 풀만 쥐어뜯고

예순이 일몰 고갯길
아버지 심어놓은 장미
벌 나비 찾아 들자
아버지 환하시다

소쇄원에서

저녁 어스름 댓잎 스칠 때
휘파람 소리 같기도 하고
발소리 같기도 한
소리의 파편들이
나를 따라나선다

돌계단 밑을 흐르는 죽록천
낯선 마을 담장이
오백 년을 건너 나를 불러낸다
제월봉^{霽月峰} 산자락 흰 구름
저녁놀이 되어 쓰러지는
여기는 세상 밖의 시간

달빛 풀리는
제월당^{霽月堂} 마루에 앉아
한 송이 지는 백일홍 꽃잎에
오정^{鰲井}에 담긴 달
한 잔 그득 마시고 싶다

■□ 해설

자기성찰과 그리움의 정서

이태수(시인)

ⅰ) 김봉용 시인의 시는 현실적 삶이 안겨 주는 어둠과 그늘, 그 파토스들을 진솔한 서정적 언어로 떠올리면서 애틋한 그리움과 기다림의 정서^{情緖}를 빚어 보인다. 시인이 살아가는 세상은 삭막^{索莫}하고 각박하지만 그 비루한 현실을 비켜서지 않는 겸허한 자기성찰^{自己省察}을 바탕으로 지난 세월을 가까이 끌어당겨 반추^{反芻}하는 양상으로 나아가며 더 나은 삶을 부단히 꿈꾸고 모색한다.

자연이나 그 풍경들에 다가가면서 현실에서 받은 상처나 상흔들이 치유^{治癒}되거나 새로운 여유와 깨달음을 얻게 되는가 하며, 소외된 사람들을 향해서는 어김없이 나눔과 베풂을 저버리지 않는 휴머니티를 발산한다. 특히 고향과 고향집, 옛 가족과 그 기억들의 공간으로 거슬러 오르면서는 잊히지 않는 추억들이 따스하고 아름다운 꿈의 공간을 넓혀 주고, 연민憐憫의 정서를 대동하면서 되찾고 싶은 사랑과 정신적인 본향本鄕 회귀에의 길을 더듬어 나서기도 한다.

ii) 시인은 자신의 모습을 "부침浮沈"하는 날 단단히 억누르고 / 하회탈로 재빨리 얼굴을 가"리면서 "한 사내의 허세가 / 모순의 상자에 / 알맞게 봉인되었다"(「자화상 1」)고 그리고 있다. 이 시에서 화자는 얼굴이 비칠 정도로 빛이 나는 종이 표면에 "형체 없는 사내의 불호령이 / 점점 붉게 떨어"져 두 뺨이 붉게 돼 얼굴을 가린다고도 한다.

'허세를 부리는 사내'와 '형체 없이 불호령하는 사내'가 '현실 속의 자신'과 '깨어있는 내면의 자신'이라면, 깨어있는 자신이 그렇지 못한 자신을 힐난하고 질책하는 경우다. 이 자성自省은 부침하는 날들을 통어統御하며 가면을 쓰니 허세가 '모순의 상자'에 알맞게 봉인됐다고 하지만, 이를 뒤집으면 모순에서 자유로울 수 없는 허장성세虛張聲勢에 대한 자책自責에 다름 이니라 할 수 있다. 가면으로 얼굴 가려도 가려질 수 없는 자신의 모습에 대한 자기비하적인 겸양의 역설逆說로도 읽힌다.

더구나 굳이 그 가면이 '하회탈'이라는 점도 눈여겨봐

야 한다. 나무로 만든 하회탈 가운데 양반탈과 선비탈은 상하좌우로 움직이는 방향에 따라 희로애락喜怒哀樂의 표정이 달라질 정도로 감정의 변화를 다채롭게 드러내 보이는 가면이다. 화자(시인)가 부침하는 낱(현실적 삶)을 단단히 억누르고 이 가면으로 재빨리 얼굴(자신의 본모습)을 가린다는 건 표면상으로는 본모습과는 다른 표정을 짓게 한다는 의미이지 않은가.

그런가 하면, 「자화상 2」에서는 손님들뿐 아니라 매정한 바람마저 구부러진 뒷골목으로 휑하니 날아가 버리는 '냉기冷氣 그득한' 길거리에서 "주름진 길바닥에 신문 조각 깔고 / 막걸리 한잔에 눈물 반 /설움 반 타서 마"시며 좌판대 위에 과일들을 놓고 파는 노점상露店商에 자신을 비유하면서 삶의 소외감과 그 비애를 보다 구체적으로 드러내 보인다. 이 같은 자성적 비애는 「자화상 3」에 이르러서는 또 다르게 변주變奏된다.

> 엘리베이터 거울 앞에서
> 나를 본다
> 우주에 단 하나뿐인
> 앞모습을 보는 찰라 뒷모습도 보였다
>
> 〈중략〉

이마에 주름이 석 삼자로 흐르며
입 모양이 크게 씰룩거렸다

어머니가 엎어 키워낸 걸작품
어린 손주가 보면 얼마나 놀랄까
분명 아이는 뒤통수가 납작하다
내 것인 것 같은데
다른 데가 있는 아이를 보면
나는 어머니 쪽일 것이다

- 「자화상 3」 부분

 시인은 일상日常 속에서 거울에 비친 자신의 모습을 들여다보면서는 이 세상에서 유일한 자신의 뒷모습도 읽는다. 거울을 보면 보이지 않는 자신의 뒷모습(이면裏面)까지 보인다는 건 자신의 내면內面 모습도 감지된다는 의미일 뿐 아니라 그 비애의 농도가 그만큼 짙다는 의미를 내포하고 있는 것으로도 보이게 한다.
 시인이 어머니가 엎어 키운 손주가 자신의 모습을 보고 조롱할 거라는 우려는 뒤통수가 납작하기는 둘 다 마찬가지더라도, 손주가 납작한 자기 뒤통수를 그렇게 볼 것이라는 생각 때문일 것이다. 하지만 자기의 납작한 뒤통수와는 다르도록 어머니가 엎어 키운 손주(걸작품)처럼 자신은 엎어 키우지는 않았지만 공들여 키우기는 한가지였으므로 다른 데가 있어 보이는 손주를 보면서는 자신이 걸작은 아니라는 자괴감에 빠져들게 되는지도 모른다.

시인은 이처럼 자신의 내면 모습이 모순(군더더기)과 비애에서 자유롭지 못한 자화상을 다각적으로 그려 보이면서 "이마에 주름이 석 삼자로 흐르며 / 입 모양이 크게 씰룩거렸다"는 자기힐난自己詰難과 자기비하마저 불사하고 있다. 시인의 이 같은 자화상 그리기는 자신의 "시 속을 들여다보고는 / 나 자신이 부끄러워 내려옵니다. / 내 속에는 군더더기들이 그득할 뿐입니다. / 나는 그것을 숨기기 위해 허세를 떨었지요."라는 '시인의 말'과 이 구절이 들어 있는 시 「가난한 노래」의 겸허한 자기 낮추기와도 맞물려서 다가온다.

그렇다면 시인이 마주치고 있는 고통과 자괴감은 어디에서 연유되고 있는 것일까. 현실적으로 부끄럽고 고단한 삶이 코로나 팬데믹까지 겹쳐 물러빠진 '양파인생'과 같고 '알소주잔 같은 인생'인데다 구조조정構造調整의 회오리바람에도 휩쓸렸으며, 퇴직해 세상에서 밀려난 것 같은 박탈감에서도 자유롭지 않기 때문으로도 보인다.

세상이 어지러우니

내 인생도 물러빠진다

'코로나19' 발생으로 일손이 모자라

밭에서 20kg 한 포대기 이천 원

바닥 속의 질퍽한 삶

한 껍질씩 벗겨낼 때마다

눈물이 새어 나온다

누더기옷으로

초라한 내 모습

애써 감춰보려 해 보지만

자꾸만 튀어나오는 자존심

고통을 인내하며 다 벗겨내고

자존심마저 벗어내니

보잘것없는 내 인생

더 벗길 것도

애써 가릴 것도 없어 좋다

- 「양파인생」 전문

어지러운 세상이라 자신의 삶도 일손이 모자라 밭에 방치된 채 무르면서 상품성이 떨어지는 양파와 다르지 않으며, 그 아픔과 비감^{悲感}은 양파처럼 겉을 벗겨내도 또 껍질이 나타나며, 벗겨낼 때마다 눈물이 새어 나온다고도 한다. 그런가 하면, 벗겨내는 게 아니라 거꾸로 자신의 초라한 모습을 애써 감추려 해 봐도 튀어나오는 자존심^{自尊心}을 덮을 수는 없다고 한다. 그러나 또다시 그 고통을 참고 견디며 껍질을 벗겨내고 자존심까지 벗어 버린다고 번복한다.

이렇듯 시인의 삶은 다 벗겨낼 수도, 덮을 수도 없는 '진퇴양난^{進退兩難}'의 수렁에 다름 아니다. 양파는 껍질을 다 벗겨내면 남는 게 없듯이 보잘것없다고 느끼는 화자의 삶도 다 벗겨내면 결국 남는 게 없겠지만, 누더기옷으로 온몸을 가려보았자 자존심까지 가릴 수 없기 때문이기도 할 것이다. 이 시의 "더 벗길 것도 / 애써 가릴 것도 없어 좋다"라는 마지막 대목은 극단적인 부재의식^{不在意識}과 그러고 싶지 않은 자존감^{自存感}의 복합적인 역설이 아닐 수 없다.

　　　알소주잔 같은 인생
　　　숨겨진 흰머리 밖으로 퍼져 나올 때
　　　포장마차에서 마시는 잔술은 쓰기만 하다
　　　〈중략〉
　　　첫눈이 난데없이 욕처럼 내려

머뭇거리는 사이

찬 서리 내리듯 와 버린 중년

산다는 것은 상처 위에 새로운 상처를 더하여

소실점을 찾아가는 것

겨울바람이 흔들어 댄다

- 「포장마차」 부분

 사정^{事情}이 이쯤 되면, 주머니 사정이 바닥이라 포장마차에서 '잔술'을 달게 마신들 쓰지 않을 수 있으며, 흰 머리카락과 첫눈이 욕처럼 느껴지지 않을 수 있을까. 그런 중년^{中年}에 산다는 의미가 시인에게는 겨울바람이 흔들어 대는 형국이기도 하니 그 소실점을 찾아나서 봤자 "상처 위에 새로운 상처를 더하"는 게 아닐 수 없는지 모른다. 더구나 설상가상^{雪上加霜} "구조조정의 회오리바람에 휩쓸려 / 생경한 곳으로 굴러 떨어"(「청동물고기」)졌으니 "바람에 흔들릴 때마다 / 나를 때리는 저 운판 소리 / 아프다"는 말도 안 나오고 배길 수 있겠는가.

 또한 평생 일터였던 직장에서 퇴직한 시인(화자)은 "밤마다 내 자리로 돌아가는 / 꿈을 꾸는데 / 일어나면 그 자리엔 내가 없다 / 아직 멀쩡한데 세상에서 밀려나 / 시간의 갈피 속에서 헉헉거린다"(「정년퇴직 1」)는 박탈감을

느끼면서도 자신을 중고 그랜저(자동차)에 비유해 "밤사이 돌아난 자존심 / 닦고 조이고 기름칠해서 / 시동 걸어 본다"고 토로(吐露)하기도 한다. 나아가 배롱나무에 꽃이 피고 지는 걸 지켜보면서

> 나를 내려놓고
> 남을 쓰다듬어 주는 자리
> 숨죽이며 꽃피는 날 지켜본다
> 부지깽이로 뼈대 세우고는
> 봉오리로 이 봄 다 보낸다
> 저물어가는 여름 끝자락에 서서야
> 부푼 꿈 옹골지다
> 가지에 몽실몽실 내려앉은 불꽃처럼
> 구름 꽃밭 거닐고 있구나
> 내 마음 새들어 사는 꽃들에게
> 환하게 미소 한 웅큼씩 쥐어 준다

- 「배롱나무 일기」 부분

는 희망의 끈을 완곡(婉曲)하게 끌어당긴다. 시인은 이처럼 현실의 고통과 인고(忍苦) 속에서도 궁극적으로는 자신을 내려놓고 남을 쓰다듬어 주는 나눔과 베풂의 미덕을

저버리지 않으며 꽃 필 날을 기다리고, 꽃이 지고 난 여름 끝자락에서 배롱나무에 내려앉는 구름을 바라보며 비로소 "부푼 꿈 옹골지다"는 깨달음에도 이른다. 또한 남을 향한 베풂의 미덕은 자신의 마음이 새들어 살았던 꽃들에게 환한 미소로 화답하는 데까지 나아간다.

iii) 그러나 시인은 지나간 세월 속의 발자취와 흔적들을 되돌아보면서 그 밝음과 어둠이나 그늘들을 가까이 끌어당겨 처연하게 반추한다. 지나와서 돌아봐도 마치 파노라마처럼 그 세월 속의 자신은 물론 일터와 그 삶의 현장에서 함께했던 사람들, 마주쳐야 했던 일들과 사물들이 애증愛憎으로 덧칠된 채 잊히지 않기 때문일 것이다.

> 가까이서 보면
> 오래된 빌라 같기도 하고
> 멀리서 보니
> 연기 피어오르는 오봉산 토굴 같은데
> 저녁 어스름이 어머니 치마폭처럼 덮이면
> 개미들이 소주잔만 한 먹이를 문 채
> 오체투지 굴속으로 들어간다
> 도저히 저 속 진면목을 알 수가 없다
>
> 저장 탱크에서

펄프와 회분이 만나 균형을 이루며
금망 위로 펼쳐지는 오색 제지는
세계의 문화로 꽃이 되었는데

내가 저 굴속에 살고 있을 때
보지 못한 것을
떠나오니까 이렇게 환히 들여다보이네

거기서 너는 남고
나는 떠나 그대를 쓰네
황혼의 저녁 길을 걸으면서
조심조심 그대를 쓰네

- 「무림제지 앞에서」 전문

   지난날 화자의 일터였던 것으로 보이는 대구 오봉산 인근의 공장인 무림제지 앞에서의 느낌들을 떠올려 보이는 이 시는 그 일터를 토굴^{土窟}(또는 저장 탱크)로, 일하는 사람들을 개미로 바라보면서 오체투지^{五體投地} 하듯 일하던 때와 그 바깥에서의 소회를 진솔하고 겸허하게 드러내 보인다. 하지만 화자는 여전히 그 진면목을 헤아리지 못하지만, 펄프와 돌가루가 섞여 세계적인 명성을 얻은 종이들이 만들어지는 이 공장에 대한 긍지만은 그곳을 떠난 뒤에야 환하게 들여다보인다고 술회述懷한다.

이 시의 "거기서 너는 남고 / 나는 떠나 그대를 쓰네 / 황혼의 저녁 길을 걸으면서 / 조심조심 그대를 쓰네"라는 마지막 연은 각별히 들여다보게 한다. 그 일터를 떠난 뒤 그 시절과 지금의 모습을 따뜻한 긍정肯定의 시선으로 바라볼 뿐 아니라 "저녁 어스름이 어머니의 치마폭처럼 덮이"던 지난날과 함께 근래의 모습을 "황혼의 저녁 길을 걸으면서" 바라보게 되지만, 그 공장과 화자를 '너'(또는 그대)와 '나'로 설정해 '그대'(너)를 겸허하게 예찬禮讚하고 있기 때문이다.

시인에게는 지난날들이 밝게만 보이지는 않는다. 일터는 "피가 튀고 뼈가 깎이는 / 어제까지 동료였다가 / 오늘은 파이프로 내리쳐야 / 내가 먹고 사는 세상"(「뫼비우스 띠」)이 되기도 하고, "김 부장은 새장 밖으로 떨어지고 / 최 반장도 떨어져 나간"(같은 시) 기억이 아픔으로 자리 잡고 있으며, "죽도록 일만 해봐도 지갑 내부가 휜하지 / 거리에서 몇 일치 추위와 맞바꾼 나를 / 가로등 아래서 지켜보며 눈물만 흘리"(「어느 미늘빝 일기」)게 되던 경우도 있었던 탓이다.

더구나 구조조정 때의 기억은 "길거리에 구르는 돌 하나 / 내 편 들지 않는다 / 바람은 양날의 칼을 세우고 /

황소울음소리로 다가"(「구조조정」)오기도 하며, "덜 익은 상처 안고 / 한 번도 가보지 않은 길 걷는"(같은 시) 아픔을 체험해야 했고, "밥벌이는 그만 둘 수 없지만 / 통장 헐고 월차 모아서 / 더 나은 곳 찾아 / 딴 짓 한번 저질러 보자"(「연말정산」)는 생각을 해 본 때도 없지 않았기 때문이다. 생활인으로서의 근검절약이 안긴 웃지 못할 애환哀歡의 일화도 지난날의 잊지 못할 체험의 한 예다.

    1990년대 초
    직장에서 받은 5년 개근상
    삼익 바이오 김칫독
    새 아파트 이사 가면 쓸 요량으로
    아껴 두었다가 뜯어보니
    아이스박스가 되어 나온다

    쓰레기통이 되어서
    쓸데없는 것을
    잔뜩 끌어안고 살았다
    이사 정리하면서
    스무 해 묵은 먼지 털어낸다

써야 할 것을 쓰지도 못하는 너나 나나
다 쓰레기다

— 「김칫독」 전문

　상품으로 받아 새 아파트를 마련하면 쓰려고 아껴 둔 김칫독이 정작 스무 해가 흐른 뒤 이사할 땐 쓸모없게 된 것을 목도한 심정을 후회로 풀어낸 시다. 써야 할 것을 제때 쓰지 못하고 아껴 둔 김칫독이 쓰레기(폐기물廢棄物)로 바뀌어 버린데 대해 오죽하면 김칫독뿐 아니라 자신도 쓰레기라고 여기게 됐겠는가.

　비슷한 일화는 또 있다. "지인 통해 개인연금 들어갔는데 / 허리띠 졸라가며 / 여덟 해 넘게 월부금 넣고 있는데 / '코로나19'로 가치는 점점 떨어지고 / 집값은 때리고 때려도 / 여기저기서 다시 고개 쑥쑥 내민다"로 시작되는 「화, 테크」는 멀리 내다보며 했던 재테크가 되레 화禍를 불렀다는 이야기를 담고 있다.

은퇴하면 쓸 요량으로 가입했는데
연기되어 솔솔 사라진다
이러지도 저러지도 못하는 신세
고민하다가 재테크 시작했는데

화테크로 바꾸어 버렸다

                        -「화, 테크」부분

　가정을 이룬 뒤 간신히 백화점에 취업한 지기^{知己}가 즐거워하는 모습을 시인은 마치 자신의 일처럼 바라보기도 한다.「갈치 한 마리」에서 그 지기를 "초승달 모양의 입꼬리 귀에 달고 / 대차로 왁자지껄 웃음소리 실어 나른다"고 묘사하는가 하면, "퇴근 때 잠시 칠성시장 들러 / 막걸리 한잔에 흥얼거리며 / 갈지자걸음이다 / 취한 척 / 그 뒤를 꼬리 흔들며 / 따라나서는 갈치 한 마리"라는 대목에서와 같이 흐뭇한 장면을 연출하는 우정 어린 기지^{機智}까지 보여 준다.

　한편, 자연과 사물들을 바라보는 마음도 사람들을 대상으로 할 때와 거의 마찬가지다.「친구」는 대구 인근의 헐티재에서 조우한 자작나무들을 "흰옷 걸친 자작아씨들 / 자박자박 걸어 나온다"고 자신을 반기는 여성친구로 그리면서, 겨울에는 아파 "피부가 갈라져 / 더덕더덕 아픔을 기워놓은 살갗 / 꼬인데 하나 없던 뼈가 뭉쳤다"며 "그 상처 밖으로 / 다 빠져나온 울음을 보면 / 옛 친구 생각이 난다 / 지금 어디에서 늙어가고 있는지"라고 싸스한 연민의 상상력 확산에 불 지피고 있다. 또한 민들레를 보면서도 민들레꽃과 초등학생 때의 단발머리 여자동무 생각을 포개어 그리운 마음을 따스하게 되새긴다.

>당신 보면 단발머리 그녀가 생각나요
>초등학생 때 십리길 걸으면서
>하얀 이빨 드러내 배시시 웃어 주던 당신
>어느 하늘 아래 있는지
>그리움은 멀리 있어
>
>오늘처럼 허전한 날
>노란 모자 쓴 당신
>만날 수 있다면
>따뜻한 국수가 먹고 싶어요
>
>―「민들레」 부분

이 시에서 노란 모자를 쓴 옛 동무와 따뜻한 국수를 먹고 싶다는 마음자리는 "안으로 숨겨진 흰머리 / 밖으로 솟구친다 // 별은 총총 청춘인데 / 거기 나를 섞어보는 / 지금, 부자다"(「여유」)라는 순응의 여유와 애틋한 그리움의 정조^{情調}와도 무관하지 않아 보인다.

ⅳ) 시인은 빈번하게 길을 나선다. 그 길은 가까운 데

서부터 먼 곳으로까지 이어진다. 누구에게나 부대끼며 살아가는 삶의 현장은 각박하고 삭막할 수밖에 없겠지만, 시인에게는 가까운 데서 먼 곳으로 발길을 옮기고 자연이나 자연이 감싸고 있는 풍경에 다가갈수록 현실에서 받은 상처나 상흔들이 치유되고 새로운 여유와 깨달음에도 이르게 마련이다.

아주 가까운 일상의 길 위에서는 「코로나 1- '코로나 19'와의 대화」에서와 같이 "소나기 바쁘게 지나가던 신작로"에서 독감과 코로나가 나누는 대화를 상상(가상)하며 그 심경을 절절하게 그린다. 지금의 세태世態를 코로나의 입을 통해서는 "이제 봄길 따라 떠나고 싶은데 / 술집에서 밀착 접촉하여 / 확진자 감염경로 거짓으로 고하고 / 자가 격리 중 탈출하여 / 꽃구경 못 참는 걸 보면 / 내가 아직 더 있기를 원하는 모양이야 아마"라고 비꼬는가 하면, 아르바이트하는 사람을 떠올리면서는 코로나 바이러스 때문에 한 달이 넘도록 문을 열지 못하는 '딱한 사정'을

한 달 뒤 문 다시 연다던
머리 덥수룩한 우리 사장님
연락이 없다
마스크 쓰고

빈속으로 쓰러지는 밤

누워서 천정을 바라보는데

먹먹하다

소주처럼 맑은 눈물을 흘리면서

밤마다 예전으로 돌아오는 꿈을 꾸다가

일어나 보면 그 자리에는 없다

내가

ㅡ「코로나 2-알바」 부분

  라고 묘사한다. 코로나 팬데믹 이전의 일상은 근래의 길 위에서 어디서도 만날 수 없을 뿐더러 "소주처럼 맑은 눈물을 흘리"게 하고, 심지어는 평상平常의 자기를 잃어버릴 지경으로 좌절挫折과 절망감에서 헤어나지 못하게 하는 게 현실이지 않은가. 그래서 그럴까. 시인은 사문진나루의 지는 능소화를 바라보면서도 "입술마저 터진 채 / 담장 밑으로 떨어진 울음소리, 깊다"(「능소화」)고 의인화擬人化해 슬픔을 화신化身으로까지 비약한다.

  시장에서 양파를 사오다 한 개가 떨어져 큰길까지 굴러가는 걸 목도하면서도 "하루가 빠르게 굴러가는 시간 속에서 / 생은 내가 원하지 않은 길로 갈 때가 있다"(「

길」)는 비약하는 생각에 닿고, 멍든 양파에 묻은 흙을 털어 다시 굴린 뒤 "제 갈 길 찾아 / 온몸으로 굴러가는 너는 / 뒷모습이 처연하다"(같은 시)는 전복적顚覆的 상상력을 펴 보이기도 한다.

  이같이 상처입고 막막해진 마음은 식당의 구석자리에 앉아서도 불안과 우려憂慮에서 자유로울 수 없기는 한가지다. "구조조정의 회오리바람에 휩쓸려 / 최 부장은 어제 날아가고 / 이 반장도 오늘 새장 밖으로 떨어"(「와촌식당」)진 직후이기 때문이라 더욱 그러하며, "단지 나이가 많다는 이유로 / 긴 하루 살얼음판을 걷"게 되고, "또 내일은 어떻게 될는지 까무룩"(같은 시)한 탓일 것이다.

> 와촌 아줌마 두부 쪼개고
> 파 썰어 넣고 고춧가루 풀어
> 된장지게 끓어 넘치면
> 이슬 한 잔씩 두드리면서
> 오늘 전쟁터에서 지친 피로 가라앉는다
> 하루해가 물러 날 때쯤
> 무림제지 정문 건너편
> 와촌식육식당 구석자리
>
>   -「와촌식당」 부분

하지만 시인은 이 시에서 하루 일을 마치고 귀가(歸家)에 앞서서 직장 건너편 식당의 구석자리에 앉아 소주("이슬"이라는 표현이 재미있다)를 마시며 마음을 추스르는 심정을 질박한 서정으로 풀어내 보이는 바와는 다르게 삶의 현장과 거리가 떨어진 길 위로 떠날 경우 마음의 여유를 찾는 모습을 보여 준다. 금호강가에서는 채소들이 어깨춤을 추듯 풋풋한 광경을 보며 "구경하던 강물도 / 흰머리 날리며 / 서로 비비고 // 금호강 무수한 낱말들 / 노을 되어 잠수한다"(「저녁 무렵의 랩소디」)는데 그치지 않고 "먹물 같은 어둠은 이것들 데리고 / 참선에 들어간다"(같은 시)고까지 바라보고 있다.

도회(대구) 변두리의 산에 이르러서도 "솔 향기 그윽한 비슬산 자락 / 바람에 흔들거리는 / 단풍잎이 음표 되고 / 곳곳마다 튀어 오른 / 바위가 쉼표 되는 산마실"(「박새」)이라며, "청아한 얼굴에 눈망울이 초롱초롱"한 박새가 "잔디밭에 살포시 내려와 / 행간마다 시를 적고 있다"(같은 시)고도 묘사한다.

팔공산에 들어서는 "수태골 숲길은 발길 옮길 때마다 / 향이 가슴 포근하게 감싼다"(「시월」)거나 "늦가을 동봉엔 / 음표보다 쉼표가 더 많다 / 군데군데 솟아있는 / 바위가 쉼표 되고 / 흐트러진 단풍 사이로 박새들 / 쌍쌍이 놀러 와 음표 되어 준다"(「쉼표 위에 걸터앉으면」)고 노래

하면서

>   쉼표 위에 올라앉으면
>   향긋한 바람 불어와
>   생황 소리 들린다
>
>   떡갈나무 아래로
>   노을 부스러지면
>   다 떠난 오선지
>   위에 홀로 남아
>   음정 박자 다 내려놓고
>   못 갖춘 명상곡
>   한 소절 연주해 본다

– 「쉼표 위에 걸터앉으면」 부분

라는 평온(平穩)에 다다르게 되며, 흐르는 세월을 사랑하고 바뀌는 계절의 아름다움을 아끼고, 떨어지는 낙엽을 보면서도 "봄이 올 때까지는 / 쉼표가 필요하다"는 넉넉한 여유를 바탕으로 한 새로운 기다림을 예비하기도 한다. 내연산 보경사 앞마당에 당도해 녹경소리를 들으면서도 감나무에 달린 홍시를 "아내 닮은 볼 붉은 그녀 //

언제부터 기다리고 서 있었나 // 당신이 보내준 노란 봉투에 // 달콤한 엽서 한 통 // 서쪽 불이문不二門에 앉아 읽는다"(「홍시」)고 홍시를 아내와 포개어 볼이 상기된 여성으로 바라보는 환상을 불러 놓기도 한다. 이 같은 환상은 우포늪의 가시연꽃과 조우하면서

>늪 한복판
>
>물안개 깔린 잎 방석 위
>
>가시연이 홀로 아침을 먹는다
>
>고전으로 한복 차려입은 그녀는
>
>이슬 먹고 꽃을 피운다
>
>한번 묻고 싶다
>
>무엇이 세상 속으로
>
>돌아갈 수 없게 하는지
>
>– 「가시연꽃」 부분

라고 물음에 닿게 하는가 하면, 화개장터에서 불일폭포로 가는 길에서는 넋을 놓으며 "아득한 초가산장 / 작은 개나리가 쫑긋거리며 / 생수 한 모금 마시고 가라 한다 / 청순한 진달래가 뒤편 소망탑 / 소원 한 번 빌어 보라 한다"(「봉명산방鳳鳴山房」)는 느낌에도 빠져들게 된다.

이처럼 각박한 현실을 비켜서고 벗어날 때야 비로소 마음의 평정을 회복하고 너그러운 여유로 살아가는 참모습에 눈뜨게 되는 건 비단 이 시인의 몫만은 아닐지라도, 그런 메시지를 녹여 담아낸 시들의 서정이 돋보인다.

v) 이 시집의 적지 않은 시편들에는 고향과 고향집, 그곳에서 함께 살았던 가족과 고즈넉한 자연, 그 자연 속의 사물들에 대한 헌사献詞에 가까운 기억 반추에 무게가 실려 있다. 이 아련하지만 처연한 되새김질은 그리움과 연민, 애틋하게 잊히지 않는 추억들로 다채롭게 아로새겨진다. 특히 어머니와 아버지에 대한 절절한 사연들은 가난하지만 따스하며, 잃어버렸거나 잃어가고 있는 정한情恨의 정서를 바탕으로 되찾고 싶은 사랑과 정신적인 본향 기리기의 양상으로 펼쳐진다.

시인에게 고향은 "정한수 떠 놓고 / 아들을 위해 비는 / 〈중략〉 / 어머니의 땀 냄새가 / 물씬 섞여 / 나를 부르고 있"(「팔월」)는 공간이며, "볕이 내리쬐는 동안 / 곁에 아버지 지게가 / 나란히 쉬고 있"(「아버지」)는 곳이다. 또한 돌아가신 "아버지가 심어놓은 장미 / 벌 나비 찾아들자 / 아버지 환하"(같은 시)다고 느끼게 하고, 아버지가 "이승에 벗고 가신 / 늙은 지게 위에 / 오늘은 장미가 활짝 피었"(「장미」)다고 여기게 하는 정한으로 물들어져 있다.

더구나 아버지와 어머니가 지키고 있었을 당시의 고향과 고향집은 잊으려야 잊을 수 없는 차원을 넘어서서 그 시절로 되돌아가고 싶게 할 정도로 '회귀의 정'을 은밀하게 품고 있으며, 전통적인 가부장제家父長制 가정의 아버지상과 어머니상을 진솔하게 떠올려 보이기도 한다.

> 청송군 부남면 화정리 1032번지
> 거동마저 불편한 노부부
> 밤에도 일 나가신다
>
> 지게에 기대어
> 잎담배 한 개비 말아 피우시는 아버지,
> 육자배기 한 자락 흘러나오고
> 어머니 숨죽인 채 땅강아지처럼
> 밭고랑만 기어다닌다
> 들판의 호박돌처럼
> 수십 년 비탈밭에 허리 숙여 보았지만
> 비탈은 놓아 주지 않았는지
>
> 밤이슬을 짊어지고 돌아오는
> 고샅길

    은하수와 함께 보름달이

    하얀 쌀밥 뿌려 놓고

    처연히 가죽나무에 걸터앉는 거기

                    － 「메밀꽃」 전문

 토속적이고 향토적인 정취^{情趣}가 물씬 풍기는 이 시에서 시인은 고향의 지번까지 적시하면서 노부모의 고단한 삶의 면면들을 진한 연민의 시선으로 떠올린다. 산골의 비탈밭에서 노부모가 낮에는 물론 밤까지 일하는 모습을 '붙박인 호박돌'처럼 수십 년 동안 비탈이 놓아 주지 않는다고 묘사한다. 이 같은 시각은 오로지 고향을 지키며 평생을 살아온 부모의 생애에 대한 받들기와 연민의 극대화^{極大化}에 다름 아니다.

 특히 이 시가 묘사하는 바, 밤의 달빛 아래 메밀꽃들이 피어 있는 광경을 은하수와 보름달이 하얀 쌀밥을 뿌려 놓은 것으로 바라보는 대목은 가난하지만 한결같이 자연(우주)과 더불어 살아가는 삶을 존중하고 신성시^{神聖視}하기 때문이라는 생각도 들게 한다. 그러나 아버지가 세상을 떠난 뒤의 어머니의 삶을 바라보는 시선은 절절한 회한^{悔恨}들로 미만해 있다.

 시인의 회한은 "평생을 밭에서 허리 한 번 못 펴시고 /

밭둑에 엎어져 잠이 드신 어머니 / 당신의 청춘을 다 갉아 먹었다 / 가슴팍에다 / 큰 돌덩이 올려놓고 / 긴 세월 동안 치워드리지 못했다"(「떡잎」)는 불효의식^{不孝意識}이 일방적인 희생과 사랑을 받기만 한 참회로 나타나는데, 기동마저 제대로 할 수 없어 병원 신세를 져야 하는 어머니를 지켜보는 심정은 어떠하겠는가.

    팔순이 넘은 울 어머니
    나이가 무릎으로 내려와
    붙박이처럼 꿈쩍 못하신다

    푸른 밤
    그녀를 설레게 하는
    저 채전은 어쩌라고!
    병원으로 실려 가는 젖은 눈
    속 타는 냄새 진동한다

    잠시 거울을 보는데
    내 안에 가득 고인 그녀
    나는 지금껏 파먹고 살았다

    고향 뒷산에 참꽃 활짝 폈다

머잖아 아버지 만나면

　　그땐 즐겁겠다

-「참꽃」 전문

　팔순이 넘자 거동하기조차 어려워 입원^{入院}하는 어머니를 안타깝게 그리고 있는 이 시는 "나이가 무릎으로 내려와 / 붙박이처럼 꿈쩍 못하신다"거나 "푸른 밤 / 그녀를 설레게 하는 / 저 채전을 어쩌라고!"라는 표현 등이 가슴을 친다. 나이가 무릎으로 내려왔다는 말은 생명력이 거의 소진됐다는 의미이며, 채전^{菜田}은 어머니의 평생과 맞물려 있는 삶의 주요 터전을 환기^{喚起}해 주고 있기 때문이다.

　자신을 돌아보면 어머니가 차지하는 무게감이 거의 절대적인데도 여태 되갚지 못해 "지금껏 파먹고 살았다"고 하는 자식으로서의 심경은 통한^{痛恨} 그 자체가 아니고 무엇일까. 이 시의 마지막 부분은 더욱 처연하다. 평소 아버지를 섬기며 따르던 여필종부^{女必從夫}로서의 어머니가 "머잖아 아버지 만나면 / 그땐 즐겁겠다"는 대목은 불효에 대한 자괴감의 다른 표현이라 할 수 있다. 게다가 고향 뒷산의 활짝 핀 참꽃은 아버지와 어머니의 생애와 깊은 함수관계를 상징하는가 하면, 고향 뒷산은 아버지가 먼

저 가서 어머니를 기다리는 곳이기도 하기 때문이다.

한편, 고향은 시인에게 궁핍했던 기억들로 다가오는 공간이기도 하다. 「청송」에 묘사되고 있듯 "초등학생 때 도시락 싸 가지 못해서 / 먼 거리 점심 먹으려 / 뛰어다녔던 신작로 / 고추장 비벼 혼자 먹던 꽁보리밥 / 찬물 한 대접에 가난도 함께 타서 마셨"던 기억과 중학생 시절 "중간고사 전 공납금 못 내어 / 교무실로 담임 선생님께 호출되"고, "방과 후 논두렁에서 / 소 먹이고 소 풀 뜯"(「타임캡슐」)던 기억을 선연하게 불러 주는 곳이다.

그러나 그 고향은 "참나리 환하게 핀 고향 언덕배기 / 뛰어다니던"(「청송」) 아름다운 자연 속이었으며, 지금도 "짙은 사과향기 속으로 / 잠시 들른 과수원 / 옛 이야기 한 가마니 / 그때의 그 달이 들려 주"(「타임캡슐」)는 곳이고, 거기 가면 옛날과 같이 "지금도 중학생"(같은 시)처럼 느껴지게 할 정도로 추억은 시공^{時空}마저 뛰어넘게 해 준다.

그래서 시인은 고향을 찾으며 "일몰의 고갯길 / 꿈 찾아 버리고 온 청송 / 무너미가 희미하다 / 오늘은 얼마나 푸른지 / 아버지의 십팔번 / '비 내리는 고모령' 한 자락 생각난다 / 머리칼 성근 한 사내 / 삼자현재 넘는다"(「터널」)고도 하지 않겠는가.

시인에게는 각박하고 삭막한 세상에서, 고단하고 비

루한 현실을 살아가면서, 견디고 헤쳐나아가게 하는 추동력^{推動力}은 따뜻하고 아름다운 '기억의 보고^{寶庫}'와도 같은 고향과 고향집, 그 속에서 살던 추억들이 받쳐 주고 있다. 시인의 간절한 그리움과 염원의 정서는 과거로 되돌아감이 아니라 현실의 아픔과 고난을 버티게 하는 '바지랑대'가 되고, 미래를 향한 새로운 꿈에 날개를 다는 '부드러움의 힘'이 되어 주기도 하는 것 같다. 그런 의미에서 고향을 노래한 아름다운 시 「바지랑대」는 거듭 찬찬히 읽어 보지 않을 수 없게 한다.

> 고향집 앞마당
> 빨랫줄에 동여매인 바지랑대
> 여름방학 동안
> 고추잠자리 자고 가고
> 뭉게구름 쉬어가는
> 가지 없이 뻗어나가 하늘 찔러
> 장대비 내리곤 했지
> 팽팽한 줄 하나
> 세월도 비켜 간 자리
> 빨래처럼, 그리움만 널렸다
> 시린 가을 하늘 눈부셔
> 이제 내 안에

고이 묻어둔 너는,

세월 저편을 지키고 있겠지

바람이 걸렸다 마르고

구름이 걸렸다 마르고

- 「바지랑대」 전문